AF298609

LES TRAVAILLEURS COLONIAUX ET ÉTRANGERS

COURS ÉLÉMENTAIRE DE FRANÇAIS

PREMIER LIVRET

A L'USAGE DES MAITRES

RÉDIGÉ PAR

Paul DESFEUILLES

PROFESSEUR, AGRÉGÉ DE L'UNIVERSITÉ

EXPOSÉ DE LA MÉTHODE

PREMIERS PRINCIPES DE PHONÉTIQUE

LEÇONS TYPES DE VOCABULAIRE ET DE GRAMMAIRE

Prix : **UN FRANC**

PARIS

SECRÉTARIAT GÉNÉRAL DE LA MISSION LAIQUE FRANÇAISE

ET DE L'ÉCOLE JULES-FERRY

8, RUE BUGEAUD, 8

1918

Pour les Travailleurs Coloniaux et Étrangers

La Mission laïque française a organisé des cours de français au profit des travailleurs coloniaux et étrangers introduits en France.

M. le Président du Conseil à qui nous avions demandé son patronage pour cette œuvre dont l'intérêt national n'est pas à démontrer, nous a répondu par une lettre qui a été pour nous le plus précieux encouragement. « La Mission laïque française s'honore en prenant une telle initiative. Elle peut compter sur tout mon concours pour mener à bonne fin une entreprise aussi nécessaire, tant pour l'adaptation des travailleurs appelés à faire dans notre pays un séjour prolongé ou définitif, que pour ceux d'entre eux qui, retournant à leur point d'origine, devraient être des agents de diffusion de la langue et de l'influence françaises ».

Grâce aux instructions données par les différents services des Ministères de la Guerre, de l'Armement et du Travail et grâce au chaleureux appui que nous avons trouvé auprès de la Direction des troupes coloniales, des cours de plus en plus nombreux sont organisés.

Une des difficultés que nous avons rencontrées a été le recrutement du personnel enseignant. Nous l'avons résolue en partie en faisant appel au concours des interprètes. Des cours ont été créés, qui ont lieu chaque semaine, à Paris, à l'intention de ces derniers afin de les préparer à leurs nouvelles fonctions et de les guider dans leur enseignement.

Les interprètes et chefs de groupements qui voudront connaître le fonctionnement de ces Cours n'ont qu'à s'adresser à la Mission laïque française, 8, rue Bugeaud.

Exposé des Principes de la Méthode directe adoptée pour les Cours Élémentaires de Langue française

Dès que la Mission Laïque Française a fait connaître son intention d'organiser l'enseignement du français pour les ouvriers coloniaux et étrangers, des concours se sont offerts à elle.

Des conseils lui ont aussi été demandés sur les procédés d'enseignement qu'il convenait d'adopter. La présente brochure a pour objet de recommander ceux qui ont fait leur preuve d'efficacité : ils ne sont pas toujours connus de ceux dont la pédagogie n'est pas la profession ; mais ils sont, par leur simplicité, le plus à recommander à ceux qui vont travailler à l'œuvre entreprise.

C.

La Mission Laïque Française est d'avis que pour les groupes d'auditeurs adultes (et probablement illettrés) auxquels elle s'adresse il n'y a qu'à s'inspirer des méthodes par lesquelles on enseigne le langage national dans les premières années de l'enseignement primaire, notamment aux petits Bretons, et les langues étrangères vivantes dans l'enseignement secondaire et primaire supérieur. Ces méthodes sont exposées en détail dans l'ouvrage de M. I. Carré, indiqué plus loin. Voici quelques observations essentielles qui prépareront nos collaborateurs à la lecture qu'ils auront le devoir de faire de cet ouvrage. Ceux de nos collaborateurs qui auraient déjà enseigné le français ou les langues vivantes sont tout acquis déjà à ces méthodes qu'ils pratiquent journellement.

Pour enseigner les éléments d'une langue selon une bonne méthode, c'est-à-dire par les moyens qui le plus rapidement possible (ce qui ne veut pas dire sans un travail encore assez long) mettent l'élève en état d'exprimer quelques idées simples, il faut s'être rendu compte qu'il y a un certain nombre de conditions à remplir. Nous allons ici passer en revue les principaux points auxquels il faut avoir réfléchi.

Objet de l'Enseignement

Il ne suffit pas que l'élève arrive à comprendre ce que dit le maître. Il faut qu'il arrive à imiter le maître, à répéter les paroles du maître, puis peu à peu à inventer des phrases dans lesquelles il combine les éléments appris (et ceux-là seulement) de façon à exprimer une idée personnelle.

Etant donné que tel est le but à atteindre, il faut que pendant le cours les élèves parlent autant et plus que le maître. Et c'est là la chose la plus difficile à régler. En effet, tout élève oppose plus ou moins la force d'inertie à la sollicitation de prendre la parole. Un peu de réflexion lui fera voir cependant que s'il ne peut apprendre à raboter, à tourner et à souder, sans prendre en mains le rabot, le tour et la lampe, de même il ne peut apprendre à parler sans parler. Dans la parole on exécute une série plus ou moins compliquée de mouvements musculaires, (respiration, articulation des consonnes, chant des voyelles). Ces mouvements ne deviennent aisés que par la répétition et grâce à un entraînement progressif. On commencera donc à une allure très lente, en décomposant les mouvements, comme pour toutes les actions où il faut donner des habitudes à ses muscles et à ses nerfs : marche, écriture, maniement des outils. Ici l'outil est le larynx avec la bouche. L'enseignement de la parole sera donc uniquement *oral* pendant la première période dont nous nous occupons ici. La lecture et l'écriture viendront un peu plus tard.

Défauts à combattre dès le début chez les Elèves

D'abord une certaine paresse, nous voulons dire cette attitude attentive, mais passive, que prend volontiers le débutant : il veut se contenter d'écouter. Tout au plus arriverait-il ainsi à comprendre son maître : mais ce n'est là que la moitié du but visé. Puis il faut vaincre une timidité spéciale : en effet, tout individu est dérouté par le son de sa propre voix entendue dans le silence général. Il s'effarouche, il s'arrête avant d'avoir fini sa phrase. L'expérience a enseigné quelques remèdes à cette timidité naturelle. Premièrement, à l'instant où la voix de l'élève faiblit, et avant qu'elle ne soit éteinte, le maître soutiendra le courage défaillant en répétant, en même temps que l'élève, les derniers mots qui restaient à dire. Il faut user de temps en temps de cette forme d'interrogation : « dites avec moi..... ». Deuxièmement, ne pas interroger longtemps de suite le même élève : abréger son supplice en faisant passer vivement la parole de l'un à l'autre. Sur le nombre des élèves interpellés quelques-uns, plus audacieux, s'en tireront mieux : par émulation, et par amour-propre d'autres voudront les imiter. Troisièmement, faites prononcer les mots et les phrases par des groupes de dix à vingt élèves parlant en même temps : on se sent plus à l'aise dans une foule qu'isolé. Nous reviendrons sur ces exercices en chœur et sur leur utilité à un autre point de vue.

Qualités essentielles d'un Maître

Premièrement, ayez de la patience, une patience sans borne. Il faut savoir répéter sans vous lasser et avoir à la dixième répétition d'une explication l'air aussi content de la donner qu'à la première fois. Deuxièmement, il faut de la bonne humeur et troisièmement de la bienveillance. Les exercices de langage sont très fatigants pour les intelligences peu entraînées au travail intellectuel. L'attitude éveillée, la voix sinon joviale du moins alerte, les gestes vifs et nets du maître doivent empêcher à tout moment l'auditoire de tomber dans la torpeur, dans l'attitude passive qui est beaucoup moins fatigante.

Un maître de langage doit être bienveillant. Il se rend compte de la difficulté de ce qu'il demande à ses élèves. Il ne s'étonne d'aucune erreur. Il complimente pour la moindre réussite beaucoup plus qu'il ne critiquera pour un insuccès. Celui qui se trompe a du moins osé essayer, donc il veut réussir, donc il pourra réussir. Il n'est pas arrivé au but du premier coup, il y arrivera la prochaine fois ou au vingtième essai. Le temps ne fait rien à l'affaire. Nous irons très lentement pour aller sûrement. Rien ne sert de courir si l'on doit s'accrocher les pieds aux moindres ronces. Il y a des ronces sur la route de celui qui apprend une langue, et ce sont les formes des mots et leur sens (affaire de mémoire) et la façon de les prononcer (affaire de travail musculaire). A vrai dire il n'y a pas à se préoccuper spécialement de la mémoire : cette faculté se développera toute seule dès lors qu'un travail assidu de répétition des mots et des phrases aura appris aux muscles des organes vocaux à faire leur travail exactement. Il faut être très sévère pour la prononciation, sous peine d'échec.

Résumons ainsi ces premières considérations :

L'élève doit être actif, parler autant qu'écouter : le maître avec patience fera recommencer les exercices jusqu'à ce qu'ils soient bien exécutés ; sa bienveillance obtiendra dans le travail un perfectionnement par degrés d'approximation de plus en plus grande, et cela grâce à des répétitions très nombreuses ; il ne marquera d'étonnement en présence d'aucune erreur, et surtout, au grand jamais, il ne s'en moquera : le rire ou l'ironie sont blessants ; l'amour propre blessé est, plus que la timidité, l'ennemi de tout progrès.

Arrivons maintenant aux deux questions fondamentales, celles du programme et de la méthode.

Que faut-il enseigner dans un Cours élémentaire ?

Peu de choses : cinq cents mots environ, disent certains pédagogues. Un enfant des classes enfantines n'en connaît guère plus et il peut dire tout ce qui lui importe. Il ne s'agit pas du tout d'apprendre une liste de 5oo mots : il faut savoir se servir de ces mots, c'est-à-dire les connaitre dans des phrases correctement construites. Ces mots fondamentaux doivent être choisis dans l'ordre des idées non seulement accessibles à l'intelligence de l'auditoire, mais des idées qui lui sont très familières ; ces mots seront pour lui d'une utilité immédiate dans sa vie de tous les jours. Le cours élémentaire de langage (le seul dont il soit ici question) n'a pas pour objet d'étendre les connaissances des élèves ; ce sera l'objet des cours ultérieurs qui lui seront faits au moment où, les premières difficultés étant surmontées, l'étude de la langue sera un moyen et non plus un but.

Au début, il ne s'agit encore que de rendre familières les formes les plus usuelles de la langue ; on a signalé qu'il y a eu parfois quelques malentendus entre les ouvriers coloniaux et les populations françaises parmi lesquelles ils vivent. Ces difficultés dans les rapports disparaitront quand les gens du peuple pourront dire : après tout, ces indigènes sont de braves garçons, ils parlent bien français : et pour donner autour d'eux cette impression, il suffit qu'ils sachent quelques formules pour dire bonjour et bonsoir, pour constater le temps qu'il fait, dire merci si on leur rend un petit service, s'excuser s'ils se présentent à une porte en même temps qu'une autre personne, etc. ; quelques formules de politesse devront être en tête du programme.

Dans les débuts, on n'enseignera l'expression d'aucune idée trop abstraite, ni difficile, ni sortant d'un cercle d'idées faciles. Pourquoi ? afin de sérier les difficultés ; vaincre la difficulté de prononcer des mots nouveaux est la peine qui suffit à l'heure actuelle. Nous aurons plus loin à signaler quelques bons livres d'exercices gradués, destinés à l'enseignement primaire ; on les suivra avec profit, avec cette réserve que quelques passages devront être adaptés au milieu d'étrangers adultes dont la Mission Laïque Française s'occupe : par exemple, les leçons sur l'habillage d'une poupée, sur la façon de se servir du matériel scolaire, seront remplacées par des leçons de langage sur la façon de rouler une cigarette, d'enfoncer un clou ou de raboter une planche, etc.

Au point de vue grammatical, comme au point de vue du vocabulaire, c'est un français réduit qu'il faut délibérément enseigner. La conjugaison enseignée ignorera le conditionnel, le subjonctif, le prétérit défini. La plupart des conjonctions ne sont pas indispensables. Tant qu'on ne parle que par petites phrases courtes et séparées par une légère pause, le lien logique apparaît à l'esprit même sans conjonction ; on dira par exemple : « Il fait froid, je fais du feu » : chacun comprendra : « parce qu'il fait froid, je fais du feu » : la logique est de tous les pays et personne ne comprendra : « il fait froid parce que je fais du feu ». Cette logique, ce bon sens universels, cette façon de comprendre les choses et les réalités de la vie d'après les circonstances où elles se manifestent, c'est là précisément ce qui justifie l'emploi des procédés d'enseignement dont nous allons parler.

Comment enseigner ?

L'ensemble des procédés recommandés forme ce qu'on appelle la méthode directe.

Directe veut dire que l'on ne se sert pas d'une certaine langue pour en expliquer une autre. Le maître ne parlera à ses élèves que dans la langue même qu'il enseigne. S'il ignore les langues maternelles de ses auditeurs, de nationalités diverses peut-être, tant mieux. On peut toujours, avec un peu d'ingéniosité, faire comprendre le sens d'un mot nouvellement rencontré à l'aide des mots précédemment étudiés. Mais comment, demandera-t-on, ferez-vous comprendre les premiers mots. Eh bien, par la méthode naturelle dont les inventeurs sont toutes les mères de tous les bébés. Ce que toute mère fait d'instinct, nous le ferons consciemment : comme vos élèves adultes ont une intelligence plus avancée que les bébés, nous irons plus vite, et nous ferons en trois ou quatre mois ce que les mères font en trois ou quatre ans.

Dans la première période de nos leçons de langage, nous allons commencer par ignorer qu'il y a des livres, une écriture, une orthographe, une grammaire. Nous ne nommerons pas les lettres de l'alphabet, nous ne prononcerons aucun des mots de substantif, adjectif, verbe, etc. L'illettré a appris sa langue maternelle par simple imitation : par l'imitation il en apprendra une seconde. Nous lui parlerons, il répétera. Mais nous ne dresserons pas un simple perroquet : car notre élève est intelligent et nous ne lui dirons les choses que dans des conditions telles qu'il les comprendra sans peine. En effet :

a) nous ne nommerons aucun objet sans le lui montrer ;

b) nous n'emploierons aucun verbe sans nous même ou sans faire faire par l'élève l'action que ce verbe indique. Si le verbe s'applique à un sentiment, notre physionomie souriante, furieuse, calme ou agitée, en suggérera l'idée. Il en sera de même pour les adjectifs exprimant des qualités morales. Cela est fondamental et c'est en cela que l'enseignement des éléments est une toute autre chose que l'usage qu'on fait d'une langue déjà apprise et assimilée. Quand je sais une langue, je puis fermer les yeux et suivre un discours ou une lecture faite à haute voix ; mais le débutant ne doit pas quitter des yeux son maître. Car celui-ci lui parle autant par son geste et ses attitudes que par les mots mêmes : un bon maître de langue doit être un peu comédien et commenter par le geste tout ce qu'il dit. Résultat : le mot entendu n'est pas ce qui éveille une idée chez l'auditeur débutant : non, l'idée est éveillée par la vue de l'objet (ou du dessin qui le représente), par la vue de l'action, par le jeu de physionomie : au même moment où cette idée s'éveille, l'oreille perçoit des sons qui forment un mot ou des mots : une association se forme dans la mémoire entre cette idée et ces sons : à partir de ce moment le mot entendu (même les yeux fermés) évoque l'idée ; à partir de ce moment, le mot a un sens, il est le signe représentatif d'une idée. Mais c'est bien l'idée préalablement conçue qui a communiqué au mot sa valeur. Dans un jardin botanique nous voyons des plantes, puis nous lisons leur nom sur une étiquette : désormais ce nom, si nous le lisons dans une flore, évoquera l'aspect de la plante : mais qui apprendrait à connaître les plantes en apprenant par cœur des listes de leurs noms. Il est facile de retenir le nom des personnes que nous coudoyons et difficile de réciter une liste de noms pris au hasard. De même un mot n'aura de valeur, nous ne le retiendrons que si nous l'avons appris à l'occasion d'un objet vu par nous ou d'une action faite par nous ou en notre présence.

Conséquence : l'enseignement du langage consistera en une série de petits jeux, de petites comédies jouées. Mieux encore : enseignez d'abord à votre élève à dire ce qu'il fait réellement : comme enfant chez lui ou dans sa classe ; comme adulte dans la rue, chez lui ou à son atelier. Les détails d'application de ce principe sont expliqués dans les livres excellents que nous signalons plus loin.

Quelques procédés de détail

Ne faire apprendre les mots que dans une petite phrase.

Ne prononcer que des phrases simples mais toujours correctes. Jamais de parler nègre avec le verbe à l'infinitif.

Ne jamais dire *je*, sans se montrer soi-même : *tu*, sans diriger son index vers celui qu'on interpelle et que l'on regarde bien en face ; *il*, sans montrer celui qu'on désigne, tout en continuant à fixer celui à qui on s'adresse.

En prononçant le mot *oui*, on baisse la tête ; en prononçant *non*, on fait aller sa tête de gauche à droite et de droite à gauche.

Faire faire d'abord les actions qui se commandent facilement d'un de ces gestes de la main qui ont une valeur universelle et auxquels on obéit pour se lever, s'asseoir, sortir, venir, aller.

Parlez toujours sur le ton juste que l'instinct nous fait trouver dans les circonstances réelles de la vie quotidienne. Jamais ne prenez, ni ne laissez prendre le ton ronronnant, enfantin et niais que l'on adoptait jadis pour faire réciter la table de multiplication ou la liste des départements. Il n'y a pas une prononciation scolaire et une autre pour la vie.

Ayez une prononciation très soignée ; parlez lentement ; rendez-vous compte de ceci : quand vous parlez vous êtes maître de votre pensée : mais celui qui vous écoute ne sait pas où vous voulez en venir : à chaque mot entendu il va lui falloir un court temps de réflexion ; laissez-lui ce temps nécessaire, en séparant bien les mots, (tant pis pour les liaisons qui n'ont nulle importance) et en séparant les groupes de mots les uns des autres ; si vous parlez plus vite que votre auditeur ne peut réfléchir, vous le rebutez et vous perdez votre temps et votre peine. Vous ne parlerez pas de l'analyse logique de vos phrases, mais vous ferez cette analyse mentalement pour vous, de façon à faire apparaître la logique interne de ces phrases. Le principe fondamental est toujours : l'idée doit apparaître nette, sinon les mots ne sont qu'un vain bruit. Rendons-nous bien compte qu'une des choses les plus déroutantes pour l'étranger qui entend parler le français, c'est notre façon de lier les mots en longue série : d'une phrase entière dite sans respirer nous ne faisons qu'une sorte de mot interminable avec à peine quelques légers accents de place en place. Ne dites donc pas : Hiermonfrèreestvenumevoiràmonatelieraprèsdîner, mais : Hier... mon frère... est venu me voir... à mon atelier... après dîner.

Quand vous avez obtenu que deux ou trois élèves aient répété vos mots ou vos phrases, faites répéter les mêmes choses par des groupes de dix élèves ou plus : il faut qu'ils aillent bien ensemble, imitent vos intonations de voix (marquant l'interrogation, l'étonnement, l'indignation, etc.), s'arrêtent bien aux mêmes endroits que vous. Ne pas manquer de battre la mesure avec une règle et de faire compter à vide deux ou trois temps pour les silences que les livres marquent par la ponctuation : cet exercice bien mené donne de l'assurance, fortifie la mémoire, grave dans les esprits les intonations justes ; obtenez encore que quelques gestes soient faits et vous serez surpris des résultats.

Le maître ne doit pas seulement bien prononcer. Il faut qu'il ait réfléchi à la manière dont se produisent les sons du langage humain. Rien ne sert de dire : faites comme moi : il faut dire : placez votre langue comme ceci ; serrez les dents, écartez les lèvres, etc. Le maître doit posséder les premiers éléments de ce qu'on appelle la phonétique, c'est-à-dire des constatations précises sur la façon dont se produisent les sons du langage. Cela n'est ni mystérieux ni difficile. Cela permet de donner les explications les meilleures, c'est-à-dire les plus exactes. Notez bien que nous parlons de sons et non pas de signes orthographiques qui les représente d'une façon souvent imparfaite, contradictoire et compliquée. L'orthographe est compliquée, la prononciation est toujours simple, quelle que soit langue considérée.

Les livres dont le maître s'inspirera (plutôt qu'il ne les suivra page par page) sont généralement divisés en leçons. Entendez par là des chapitres, des questions à bien traiter. Ne pas croire que chacune de ces leçons fait exactement l'objet d'une séance de cours. Non. Tantôt on passera plusieurs cours à l'une d'elles, si elle est difficile, tantôt on en verra deux en une fois. Nous avons déjà dit qu'il n'y a de progrès que par la répétition. Chaque cours commencera donc par une révision des matières déjà vues. D'autre part, à chaque cours on enseignera quelque chose de nouveau. La répétition amène l'auditoire à un certain niveau moyen. Mais les mieux doués ne doivent pas avoir l'impression qu'on n'avance pas : ils se décourageraient. Ce serait là une sélection à rebours. Or la Mission Laïque Française ne peut s'intéresser provisoirement qu'à une élite. Elle cherche ceux qui peuvent devenir de petits centres de l'influence française parmi les indigènes. Elle se préoccupera du recrutement de ses élèves. Tout le monde n'est pas apte à apprendre une langue. Il faut de l'intelligence, de la précision dans le jugement et un don d'imitation très analogue à celui qui rend apte à la musique. La parole est faite de sons et de rythmes comme la musique.

La même intelligence est nécessaire pour réussir en quoi que ce soit. Nous tâcherons donc de recruter nos auditeurs parmi les ouvriers les plus habiles et nous éliminerons les maladroits.

En vue de révisions le maître tiendra utilement un carnet sur lequel il notera à chaque cours : la date, les 5 à 10 mots essentiels enseignés et les phrases qui ont été l'objet d'une étude plus détaillée au point de vue du sens ou de la diction.

Le maître préparera rapidement chaque leçon et s'assurera qu'il a bien sous la main les objets à montrer ou une image les représentant.

Les leçons de langage ne doivent pas durer plus d'une heure. Après trois quarts d'heure les cerveaux peu entraînés sont fatigués. Il vaut mieux des cours brefs et nombreux que des cours moins nombreux et plus longs. L'idéal serait une heure par jour.

Pour obtenir l'assiduité, placer le cours en un local où l'ouvrier ait à venir soit pour son travail (atelier) soit pour sa récréation (café arabe, foyer, etc.), ne pas l'obliger à prendre sur son temps libre pour faire du chemin inutile.

Quand on a réuni une dizaine de travailleurs, on peut commencer le cours. Il est possible, si le local le permet, d'en réunir une trentaine, mais il serait imprudent de dépasser ce chiffre. S'il y a plus d'amateurs il faut établir des séries et un roulement.

S'il est nécessaire de choisir entre les travailleurs disposés à apprendre le français, prendre de préférence les hommes ayant moins de 35 ans et ceux qui paraissent les plus sérieux.

Le réfectoire, à défaut d'autre local, pourrait servir de salle de classe. A condition que le maître et les élèves en aient pendant le cours la jouissance exclusive. Aucun bruit étranger ne doit les troubler. Le matériel nécessaire comportera, au début : un tableau noir, de la craie et un chiffon : quelques punaises pour fixer au mur ou sur le tableau des images.

Pendant une partie du cours les élèves ayant à se lever, à circuler, il vaut mieux qu'ils ne soient pas assis derrière des tables, dans des bancs trop serrés. Si les tables sont fixes dans la salle, le maître fera cette partie du cours en groupant les élèves debout autour de lui. Une partie de l'enseignement peut se donner au dehors (si l'auditoire n'est pas très nombreux).

Eviter à ces adultes l'impression d'aller à une classe enfantine. Ils sont hommes et on veut leur donner des connaissances utiles à leur vie d'hommes. Qu'ils en aient l'impression par le ton dont on leur parle.

Livres utiles

Pendant la première période des leçons de langage, nous ne nous préoccupons ni de lecture, ni d'écriture : nous ne mettons donc pas de livres entre les mains des élèves. Cette période peut durer plusieurs semaines. Mais le maître devra s'inspirer des livres excellents qui existent et qui lui permettront de suivre un plan rationnel, d'éviter les oublis graves et de ne pas aller au hasard. Nous ne parlerons pas ici des syllabaires ou premiers livres de lecture, dont on mettra plus tard un exemplaire entre les mains de chaque élève. Après avoir examiné beaucoup de livres bien faits, voici ceux qui nous paraissent le mieux s'adapter à notre objet.

Méthode Pratique de Langage et de Lecture, par Henri Russier et Paul Baudet, (Premières notions de français usuel), Librairie A. Colin. Cette méthode se complète par un « Premier livre de lecture » des mêmes auteurs. Cette série convient particulièrement aux Indo-Chinois.

Quand un maître aura adopté le premier volume d'une méthode, il devra continuer les livres suivants de la même série. Ces livres bien composés, se continuant et se complétant les uns les autres.

--- Nous recommanderons en tout premier lieu la *Méthode Pratique de Langage et de Lecture*, etc., à l'usage des cours préparatoires des Ecoles Primaires, par I. Carré, *Livre du Maître*, Librairie A. Colin. Ce livre contient un exposé clair, convaincant, détaillé de la méthode d'enseignement. Il est indispensable de l'avoir lu. Il contient une partie théorique, réservée aux maîtres et les exercices que cette théorie explique : mais tous les exercices n'étant pas reproduits, le maître aura par devers lui le livre ayant le même titre que celui dont nous venons de parler, mais dans l'édition destinée aux élèves : il aura aussi du même auteur le *Premier Livre de Langage et de Lecture*, (Lectures intuitives).

Ces deux livres seront mis entre les mains des élèves quand le moment sera venu de leur apprendre à lire. Ils connaîtront déjà le sens des phrases que leur maître aura prises dans ces livres pour son enseignement oral de la première période. Et ainsi on appliquera tout naturellement ce principe ; ne faire au début lire et écrire que des mots parfaitement connus : il ne faut jamais proposer deux difficultés à la fois, nous l'avons déjà dit.

Méthode Louis Weill. — « Leçons de français », Librairie Delagrave. Ce livre est destiné à l'enseignement des étrangers. Cette nouvelle méthode offre une innovation fort intéressante qui la rend précieuse pour les exercices de diction et surtout de lecture en chœur. En effet, on peut se procurer en même temps que le volume, un moniteur infatigable et à la prononciation parfaite, c'est à savoir un phonographe. Ce livre a été enregistré page par page sur les disques de la Maison Pathé. Il se vend séparément et a son utilité par lui-même. Mais le phonographe est un auxiliaire excellent du maître et donne des résultats constatés par l'expérience. On peut à l'occasion lui demander une chanson ou un peu de musique, en manière de repos ou de récompense. Son utilité pédagogique est celle-ci : tous les rouleaux ne reproduisent pas la voix de la même personne : ils habituent donc les oreilles à la variété des timbres. Chaque audition donnant une impression identique aux autres auditions, le travail de la mémoire est facilité.

Les *images* sont un accessoire presque indispensable d'un cours de langage. On n'a pas tous les objets sous la main. Le maître qui saurait les représenter au trait, même à peu près, sur le tableau noir avec la craie, aurait une grande facilité. Les images seront utiles, mais il faut qu'elles soient assez grandes pour être vues de tout l'auditoire. Il faut qu'elles soient composées de façon à représenter de nombreux objets et des personnages faisant des actions diverses (une vue de monument ne pourrait nous servir).

Avec une baguette, on montre les objets qu'on nomme et qu'on décrit, on désigne les personnages pendant qu'on explique ce qu'ils font. La Maison Delmas, de Bordeaux, a publié des tableaux auxiliaires (dits T. A. D.) fort bien combinés. Elle publie aussi un livret explicatif contenant des conversations basées sur les scènes représentées par les tableaux. Spécifier qu'on demande l'édition française, parce qu'il y a une édition pour chaque langue que l'on peut enseigner avec les mêmes images. On trouvera encore chez Delmas : *Mon Premier Livre de Français* (Cours élémentaire de français pour les étrangers). Sur demande, cette librairie envoie gratuitement une brochure explicative intitulée : *La Méthode directe*.

Ceux qui voudront consulter un petit manuel pour s'initier aux observations phonétiques devront consulter : *Les Sons du français*, de M. Paul Passy, Librairie Didier.

Encore quelques bons livres : L. L'Hermet, *La Méthode de Lecture de l'écolier indigène* (Pays de langue arabe), chez A. Colin.

Monod, *Le Premier Livret et le Deuxième Livret de l'écolier noir*, chez Delagrave. Série de phrases simples, reproduites à la fois sous la forme imprimée et la forme manuscrite.

Méthode Machuel, Librairie Colin. Convient surtout aux Nord-Africains.

Voici le titre de deux livres très bien faits et convenant à un cours de lecture courante, pour groupements ayant dépassé le premier stade. Ils contiennent des notions géographiques, scientifiques, historiques, morales, civiques, etc. Sous la forme d'un récit d'aventures, de personnages, il donne beaucoup de notions sur notre pays. G. Bruno, *Le Tour de France par deux Enfants*, 376e édition, et *Francinet*, 124e édition. Librairie Eugène Belin. A la même librairie vient de paraître : G. Bruno, *Le Tour de l'Europe pendant la guerre*, 5e édition.

Nous recommandons à l'attention des maîtres ayant affaire à des groupes déjà un peu avancés, la *Méthode de Langue française* (1er, 2e et 3e livres) de MM. Brunot et Bony, (Librairie Armand Colin).

Léopold Sudre, *Petit Manuel de prononciation française à l'usage des étrangers*, (1re partie : Voyelles : 2e partie : Consonnes), Paris. H. Didier, 6, rue de la Sorbonne.

Premiers Principes de Phonétique

OU ÉTUDE DES

ÉLÉMENTS VOCAUX DU LANGAGE

Pour enseigner la musique on commence par faire solfier et chanter les élèves ; on leur enseigne ensuite la valeur conventionnelle des signes qui permettent d'écrire une partition. De même pour bien enseigner une langue on fait dire des mots et des phrases, et on explique ensuite la façon conventionnelle, souvent arbitraire et insuffisamment logique, de les figurer par écrit. Les signes en usage sont moins nombreux que les sons à représenter, et on doit associer deux ou trois signes pour figurer des sons simples. D'autre part un même son se représente de plusieurs façons et un même signe représente plusieurs sons. De là les difficultés de la lecture et de l'orthographe. Nous n'avons pas à nous en occuper ici. On dit à tort que certaines langues, comme l'anglais, sont difficiles à prononcer : il faut dire : difficiles à lire, parce que mal transcrites. Aucune prononciation n'est difficile ; il ne s'agit jamais que de produire un *son* (voyelle) ou un *bruit* (consonne) : les organes de tous les hommes sont disposés pour le faire, il n'y a qu'à les exercer. Le maître qui veut exercer ses élèves, doit commencer par se bien rendre compte du mode de production de ces voyelles et consonnes, c'est-à-dire connaître pour chacune la position exacte des *lèvres*, de la *mâchoire inférieure* et de la *langue*. L'objet des lignes qui suivent est d'attirer l'attention des maîtres sur ces diverses positions. Ils rectifieront avec la plus grande facilité les prononciations inexactes s'ils se basent sur nos remarques. Ils doivent s'y attacher avec le plus grand soin. La tâche serait singulièrement facilitée si nous pouvions nous servir de l'alphabet rationnel, adopté par l'Association phonétique internationale qu'a fondée M. Paul Passy ; nous souhaiterions en voir l'usage se généraliser dans l'enseignement officiel. L'écriture courante rappelle les mots que l'on connaît mais ne permet pas de lire correctement un mot qu'on n'aurait pas préalablement entendu. Donc une fois de plus : le premier enseignement doit être oral, doit se donner par la méthode directe.

Nous allons passer en revue les sons utilisés par le français et ne mentionnerons que dans un ou deux tableaux synoptiques quelques sons spéciaux des langues européennes les plus étudiées en France, et simplement pour montrer dans quelle série ils se placent. Les sons en effet se classent par série, selon l'organe qui les produit. Avant d'entrer dans le détail nous devons comparer nos organes oraux à un instrument de musique, car le langage est une musique.

Toute impression que les nerfs de nos oreilles transmettent à notre cerveau et à notre conscience a pour origine un frémissement ou vibration de l'air atmosphérique, provoqué par un objet matériel qui frémit ou vibre : corde de violon mise en mouvement par un archet, corde de piano frappée par un marteau, colonne d'air sous pression contenue dans un tuyau d'orgue, dans une trompette, dans un sifflet. Les instruments de ce dernier genre sont dits instruments à vent. L'organe de la parole humaine est un instrument à vent ; il utilise l'air comprimé dans nos poumons par les muscles de la poitrine : si cet air en s'échappant passe par la bouche bien ouverte, après avoir fait vibrer dans notre larynx deux muscles appelés cordes vocales, nous percevons un son qui est une voyelle : s'il se divise sur les dents comme sur le biseau d'un sifflet nous entendons des bruits qui sont des consonnes sifflantes ou chuitantes, c'est-à-dire imitant un échappement de vapeur ; si nous provoquons des claquements ou des explosions (on verra plus loin comment) nous avons encore des bruits ou consonnes. Le son (ou voyelle) a un caractère musical plus agréable à l'oreille : il peut s'élever ou s'abaisser à volonté sur toutes les notes d'une gamme ou mélodie ; le bruit (ou consonne) est plus sec et reste pareil à lui-même dans toute sa durée.

Les Voyelles

Les voyelles, avons nous dit, sont produites par la vibration des cordes vocales. Celles-ci sont animées d'un nombre de vibrations plus ou moins grand par seconde, selon qu'elles sont plus ou moins tendues, et rapprochées. Elles donnent l'impression de note grave (peu de vibrations) ou de note aiguë (vibrations nombreuses). L'étude du détail concerne l'étude du chant, qui n'est pas notre affaire. Ce qui nous intéresse ici, c'est le rôle de la bouche et du nez. Si tout l'air s'échappe par la bouche nous aurons des *voyelles pures* : a, o, ou, u, i, etc. : si une partie de l'air sort par le nez nous avons les voyelles nasales : an, on, un, ein.

Le rôle de la bouche est double :

D'abord elle sert de renforçateur au son ; elle l'amplifie, le rend plus fort. Son rôle est comparable à celui de la caisse de bois du violon, à la table d'harmonie du piano. Expérience facile à faire pour voir comment un son se renforce : tenez entre le pouce et l'index une fourchette ; choquez-la, le son est faible. Recommencez ; mais immédiatement après le choc appuyez le bout du manche sur une table de bois, le son est plus fort. Ou bien encore, criez devant le trou de la bonde d'un tonneau vide, et jugez de la puissance de votre voix.

Ensuite (et c'est ici le plus important) la forme que vous donnez à votre bouche communique au son un caractère spécial appelé timbre ; les variations de ce timbre, provoquées par les variations de la forme de la bouche, sont ce qui caractérise et différencie les voyelles les unes par rapport aux autres. Faisons encore une comparaison : le son d'une grosse trompette ne ressemble pas à celui d'une petite flûte. De même la bouche largement ouverte donne A, la bouche rétrécie par l'élévation de la mâchoire donne I.

On conçoit qu'entre ces positions extrêmes il y a une infinité de positions possibles : aussi entre A et I y a-t-il un grand nombre de voyelles. Tout le monde a l'habitude de distinguer *e* et *é* ; mais l'écriture ne nous avertit pas qu'il y a autant de nuances pour *a*, pour *o*, pour *eu*. (1). L'écriture ne nous avertit pas davantage s'il convient de prononcer la *voyelle longue*, c'est-à-dire en prolongeant le temps pendant lequel nous la chantons, ou de prononcer la *voyelle brève*, c'est-à-dire pendant une beaucoup plus petite fraction du temps. En combinant tous ces éléments on arrive à un très grand nombre de voyelles usitées. Nous les énumérons dans les tableaux ci-après, en négligeant des nuances qui sont particulières à certains individus ou à certaines provinces.

Il s'agit d'obtenir une bonne émission des sons-voyelles. Le moniteur les prononcera soigneusement, dans l'ordre ci-après indiqué, en obligeant les élèves à bien observer la forme que prennent ses lèvres, le degré d'écartement de ses mâchoires et la disposition de sa langue.

Nous distinguerons trois séries de voyelles. La pointe de la langue reste toujours appliquée sur les dents incisives inférieures.

La première série est : *a* et *an* ; *è* et *ein* ; *é* ; *i*. Dans cette série qui va de A à I, voyelles dites normales d'avant, la *mâchoire* est pour chaque voyelle un peu plus remontée que pour la précédente ; la *langue* abaissée pour *a*, se gonfle progressivement, et d'arrière en avant, de façon que pour *é* et *i* sa partie médiane touche presque le palais ; les *lèvres* molles pour *a*, *an*, *e*, *ein*, se tendent pour *é* et *i* et la bouche a l'air de sourire.

La deuxième série est : *o* et *on* ; *ô* ; *ou*. Elle va de O à OU, comprend les voyelles normales d'arrière ; la *mâchoire* se place successivement comme pour *è*, *é*, *i* ; la *langue* comme pour *e*, un peu plus creusée : les *lèvres* sont portées fortement en avant et laissent entre elles une ouverture arrondie.

La troisième série est : *eu* et *eun* ; *eû* ; *eu*. Elle va de EU à U, comprend les voyelles dites anormales d'avant : la *mâchoire* et la *langue* se placent comme pour *è*, *é*, *i* ; mais les *lèvres* comme pour *o*, *eu*, *ou*.

Nous employons les mots *ouverts* et *fermés*, avec une valeur non pas absolue mais relative, pour désigner les sons pour lesquels la mâchoire est plus abaissée ou moins abaissée : *a* et *o* sont des voyelles ouvertes par rapport à *é* et *i*, qui sont des voyelles fermées. Chaque voyelle a une nuance grave et une nuance claire appelées ouverte ou fermée : par exemple, *o* est ouvert, dans *poli*, fermé dans *épaule*.

Aux voyelles pures *a*, *e*, *o*, *eu* correspondent les voyelles dites *nasales* : *a* — *an* (écrit aussi : *am*, *en*, *em*) ; *è* — *ein* (écrit aussi : *en*, *in*, *ain*, *aim*) ; *o* — *on* ; *eu* — *eun* (écrit aussi : *un*). Voici pourquoi ce nom de nasales. Tandis que pour *a*, *è*, *o*, *eu* tout l'air passe par la bouche, au contraire pour *an*, *ein*, *eun*, *on*, une partie de l'air passe par le nez et y provoque une résonnance secondaire qui fait toute la différence. Les nasales très fréquentes dans les mots français sont une grande difficulté pour tous les étrangers : les autres langues en effet ignorent ces sons ; pour elles *in*, *an*, *on*, *un* se prononcent *inne*, *anne onne*, *ounne*.

<hr>

(1) Nous remercions M. l'Inspecteur de l'Enseignement primaire Bony qui a bien voulu causer longuement avec nous de notre travail et nous faire profiter des avis les plus compétents.

Signalons une autre difficulté ; quand une voyelle nasale est placée devant une consonne elle est un son simple : *en France* : mais si elle est devant une voyelle, on fait après la nasale sonner un *n* de liaison quand le sens unit les mots ou les syllabes d'un même mot « Enivrer — An-n-ivrer : en été — en-n-été ; un homme — eun-n-homme » ; mais : « il est enfin arrivé », sans liaison. D'autres fois la voyelle nasale redevient pure, devant l'*n* prononcée en liaison : *bon* se prononce *bo*˙ dans bonhomme, bonheur, bon apôtre.

Le maître ne se contentera pas de faire entendre les voyelles nasales : il montrera comment on fait à volonté passer l'air par le nez. Il se placera donc devant son élève, qui observera le fond de sa gorge pendant qu'il passera lentement et plusieurs fois de suite de *a* à *an* et de *an* à *a*. Le mouvement est le même pour passer de *é* à *ein*, de *o* à *on*, de *eu* à *eun* : mais on ne peut le faire voir facilement par ce que les lèvres sont trop fermées. Il s'agit d'abaisser la luette (ou voile du palais) vers la racine de la langue : c'est facile à faire pour ceux qui savent renvoyer par le nez la fumée de leur cigarette : le mouvement est le même. Une glace placée horizontalement entre le nez et la bouche se couvre de buée quand on dit *an* et reste nette pour *a*.

Dans les exercices avoir bien soin, avant de faire dire une nasale, de faire répéter la voyelle pure d'où elle dérive. Rien de plus facile, même pour un débutant, que de passer de *a* à *an*, et de *é* à *ein*, ou de *o* à *on*, de *eu* à *eun* : mais rien de plus déroutant pour lui que d'essayer de passer de *eu* à *an*.

Voici encore quelques indications utiles pour bien faire voir aux élèves ce qui se passe dans l'émission des sons-voyelles. Quand le moniteur parle, l'élève regarde ses lèvres : quand l'élève parle, il s'observe lui-même dans une glace ; si l'on dispose d'une glace assez grande, l'élève et le maître placés côte à côte observent dans la glace leur deux paires de lèvres et voient si les deux images sont bien pareilles.

Les positions successives des mâchoires sont bien sensibles quand on pose l'index sur la pointe antérieure du menton. En effet, quand on passe d'une voyelle à la suivante dans une des séries ci-dessus indiquées, la différence d'une position de la mâchoire à la suivante est petite : mais ces petites différences additionnées font une grande différence entre la première et la dernière voyelle de chaque série. Démonstration : prononcez plusieurs fois de suite : A, I, I, A : puis : O, U, U, O : et constatez que pour les voyelles ouvertes A et O vous pouvez enfoncer l'index tout entier dans la bouche sans qu'il se mouille, sans qu'il rencontre la langue : au contraire pour les voyelles fermées I, U, l'extrémité du petit doit est serrée entre la langue et le haut du palais et les dents appuient sur l'articulation de la première phalange qui a seule pu pénétrer dans la bouche.

Pour bien comprendre la position des lèvres et leur variation de formes, selon celle des séries à laquelle appartient une voyelle, prononcez plusieurs fois de suite devant la glace (ou tout au moins regardez bien le moniteur qui les prononcera) des suites de voyelles prises alternativement à deux séries, comme ceci : A-O : O-A : etc. : ou bien pour observer à la fois les lèvres et les mâchoires, répétez : A-I-U-O : O-U-I-A : ou encore : A-U-I-O : O-I-U-A.

Tableaux Synoptiques des Voyelles et de leurs Nuances

Les mots employés ont été définis plus haut, mais nos tableaux seront utiles même à ceux qui n'auront pas retenu ces termes spéciaux. Il importe peu d'ailleurs de savoir le nom d'un son, mais il importe de savoir comment on le produit. Cela a été dit plus haut. Notre tableau a pour objet de donner des mots-types pour chaque voyelle ; quand un élève apprendra un mot nouveau, on lui dira par exemple : « Prononcez **a**, *long*, comme dans *âme* ; **a**, *bref*, comme dans *femme* ». Ce tableau sera utile à ceux qui auront appris de la bouche du maître le son de *âme* et de *femme*. S'ils l'ont oublié, il faut qu'ils consultent un maître. Si on n'a pas près de soi quelqu'un à consulter, il faut recourir aux disques du phonographe Pathé (méthode Louis Weill, pour l'enseignement du français). Le phonographe est un auxiliaire des plus précieux.

Dans les tableaux [ci-après nous avons choisi pour chaque son plusieurs mots-types (avec les figurations orthographiques les plus diverses de ce même son).

Dans ces tableaux les signes alphabétiques placés dans une même colonne verticale correspondent à des voyelles pour lesquelles se produit le même degré d'ouverture de la mâchoire.

Quand la mâchoire remonte, la langue suit son mouvement et diminue le volume de la cavité de la bouche. Il en résulte que l'air vibre dans un tuyau sonore plus étroit : suivant les lois de l'acoustique le son doit être plus aigu ; et en effet aux voyelles fermées correspond un nombre de vibrations plus élevées qu'aux voyelles ouvertes.

L'*e* dit « muet » est à peine un murmure : la prononciation négligée, courante, le supprime totalement. On le trouve dans l'article, à la fin des mots, après la syllabe forte ou accentuée : le livre. Il faut le prononcer, aussi légèrement qu'on voudra d'ailleurs, sous peine de faire perdre au français son rythme naturel, et de rendre faux tous les vers des poètes français. Certains théoriciens se refusent à critiquer l'usage vulgaire et l'enregistrent simplement comme un fait naturel : ils enseignent cette prononciation. Nous ne croyons pas devoir les suivre jusque là : nous ne voulons pas ignorer un usage plus ancien et plus soigné. Sinon, il serait logique d'enseigner comme normal tout ce que dit le peuple en estropiant les mots et de dire, comme lui : *prope* pour *propre*, *lette* pour *lettre*, *peupe* pour *peuple*, *artisse* pour *artiste*. Le peuple lui-même ne supprime pas tous les *e*, quand il y en a plusieurs de suite. Exemple : ne me le redis pas ; le premier et le troisième tombent seuls.

Première Série des Voyelles

MÂCHOIRE INFÉRIEURE

Très abaissée	Moins abaissée	Remontée	Très remontée	N. B. Pour le son grave ou ouvert la mâchoire est un peu moins remontée que pour le son correspondant clair ou fermé
	a **an**			*a* grave bref : Paroisse : froide : droite. ah? (étonné).
				a grave long : bah ! Je voudrais qu'il m'aidât.
				a clair bref : Fracas: patte: femme: il boîte: ah! (ironique).
				a clair long : flamme: pâte: infâme; une boîte: ah ! (satisfait).
				a nasal : ensemble ; enfant: innocent; jambe.
	è **ein**			*e* ouvert bref : il tette; renne: épais: je venais: hôtel.
				e ouvert long : la tête: reine; épaisse.
				e nasal : chien: vilain: éteint: foin: loin: impossible: jardin.
		é		*é* fermé bref : été.
				é fermé long : purée: gelée.
			i	*i* bref : avis: lime: pipe.
				i long : envie: gîte: je voudrais qu'il m'entendît.

Lèvres très ouvertes, sans mouvement propre.

Lèvres tendues; coins de la bouche en arrière comme pour sourire.

Abaissée	Gonflée à l'arrière	Gonflée plus en avant	En son milieu presqu'au contact du palais

Le rôle essentiel à la formation du son appartient à la *LANGUE* qui est :

Deuxième Série des Voyelles

MACHOIRE comme pour

è é i

o / *on*

è é é

LANGUE comme pour :

o ouvert bref :   coq: roc: soc: la cote 104: *oh!* (ironique): un *os*.
o ouvert long :   cor: encore: *oh!* (sceptique).
o nasal :   rond: *bon*.

o fermé bref :   pot: *peau*: repos: *eau*: des *os*.
o fermé long :   côte: *pauvre*; oh! (admiration).

ou bref :   loup: tout: je *tousse*: tous les hommes.
ou long :   jour: les hommes aiment tous la vie.

Lèvres d'autant plus avancées et arrondies que le signe est noté dans une colonne plus à droite.

Troisième Série des Voyelles

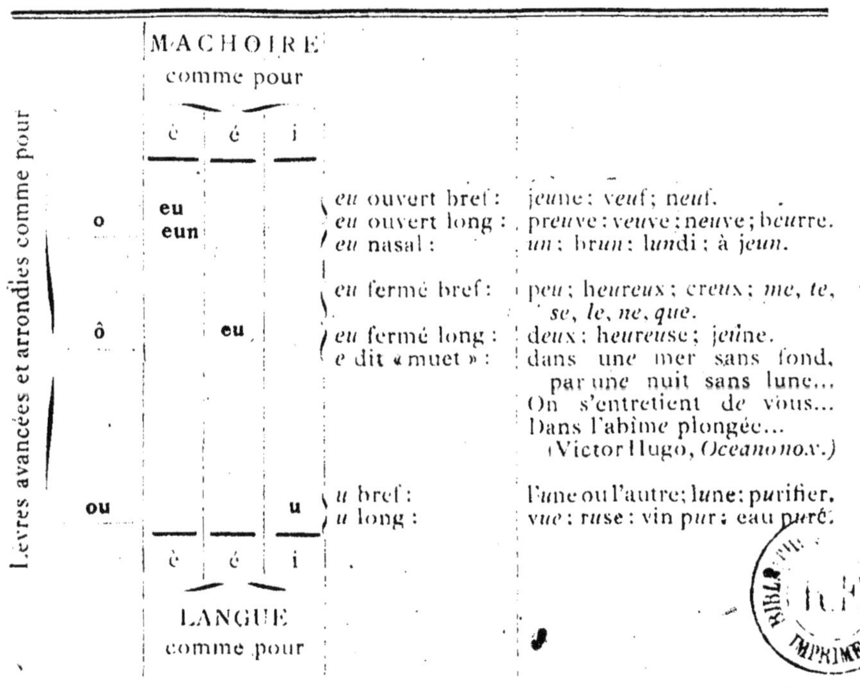

MACHOIRE comme pour

è é i

o **eu** / **eun**

ô **eu**

ou **u**

è é i

LANGUE comme pour

eu ouvert bref :   jeune: veuf; neuf.
eu ouvert long :   preuve: veuve: neuve; beurre.
eu nasal :   un: brun: lundi; à jeun.

eu fermé bref :   peu; heureux; creux; *me, te, se, le, ne, que*.
eu fermé long :   deux: heureuse; jeûne.
e dit « muet » :   dans une mer sans fond, par une nuit sans lune... On s'entretient de vous... Dans l'abîme plongée... (Victor Hugo, *Oceano nox.*)

u bref :   l'une ou l'autre; lune: purifier.
u long :   vue: ruse: vin pur: eau pure.

Lèvres avancées et arrondies comme pour

Les Consonnes

Le langage mêle aux voyelles d'autres sonorités. Ce sont les *bruits* ou *consonnes*, c'est-à-dire divers sifflements (S. Z. CH. J.), roulement (R), claquement (L) ou de petites et courtes explosions de l'air (P. T. K).

Commençons par expliquer comment ces dernières sont provoquées par le mécanisme de nos organes. Par les muscles de la poitrine nous comprimons l'air de nos poumons (comme pour l'expiration respiratoire et comme pour l'émission des sons-voyelles), mais nous ne faisons pas vibrer nos cordes vocales (sauf dans les cas exceptionnels examinés plus loin). Puis nous empêchons pendant un court instant l'air comprimé de s'échapper de nos poumons vers l'atmosphère, soit que nous serrions les *lèvres*, soit que nous bouchions avec la *pointe de la langue* le passage laissé entre nos *dents* rapprochées, soit que nous fermions l'entrée de notre *gorge* avec la racine de notre langue amenée au contact du voile du palais. L'explosion de l'air (ou bruit-consonne) se produit au moment précis où nous ouvrons à nouveau le passage à l'air comprimé. Les choses se passent comme quand les enfants crèvent, en le choquant brusquement, un sac de papier, qu'ils avaient préalablement gonflé d'air et qu'ils tenaient fermé en serrant la main près de son ouverture.

De cette manière se produisent les consonnes les plus simples dites « plosives soufflées ou fortes ». La consonne est appelée :

Labiale, si elle se forme sur les lèvres : P. dans Paris :
Linguale ou *dentale*, si elle se forme par la pointe
de la langue sur les dents : T. dans Tapis :
Gutturale, si elle se forme à l'entrée de la gorge : C. dans Cacao :
K. dans Kilomètre.

D'autres bruits ou consonnes sont un peu plus compliquées : pendant que le courant d'air est arrêté, nous faisons entendre le murmure du larynx, c'est-à-dire un bourdonnement vague produit par des vibrations des cordes vocales que la bouche n'amplifie pas. Ces consonnes sont dites « plosives sonores, ou douces, ou voisées (accompagnés de voix) ». Ce sont:

Labiales : B. dans Bain :
M. dans Main.
Dentales : D. dans Doigt :
N. dans Nation.
Gutturale : G. dans Gâteau.

Les consonnes énumérées jusqu'ici sont instantanées. Elles ne peuvent se prolonger à volonté. Au contraire les suivantes sont produites par un frémissement de l'air que nous pouvons entretenir autant que nous voulons.

Nous les appelons frottantes ou fricatives. Elles se correspondent généralement deux à deux, l'une soufflée, l'autre sonore :

Labiales —
- *soufflée :* F. dans Face.
- *sonore :* V. dans Voir :
  F. en liaison : Neuf heures, prononcé Neuv' heures.

Dentales —
- *sifflantes*
  - *soufflée :* S dans Soir :
    TH. dans les mots anglais (les dents mordent le bout de la langue).
  - *sonore :* Z. ou S. dans Zèbre, Heureuse ;
    TH. dans certains mots anglais :
    S. et X. prononcés comme Z. dans les liaisons : Heureux hommes ici réunis.
- *chuintantes*
  - *soufflée :* CH. dans Chapeau :
  - *sonore :* Z. ou G. dans Jeu, Agé.

une *gutturale* et une *sifflante* associées
- *soufflées :* K. S. dans Lexique, Alexandre, Accident ;
- *sonores :* G. Z. dans Examen, Exil.

Gutturales —
- CH. dans les mots allemands ; J. ou X. dans les mots espagnols : C'H en breton. (Fort grattement au fond de la gorge, comme pour expulser une arête).
- H. à tort appelée « aspirée ».

Le signe H représente dans toutes les langues un fort souffle, un halètement très bruyant : c'est un râle, une expiration bruyante de l'air (et non pas une aspiration ni inspiration) comme d'un homme qui a trop couru. Ce son a presque complètement disparu des mots français : on ne l'écrit qu'en souvenir de leur étymologie. On l'entend dans le *han !* des charpentiers enfonçant des pieux, dans *haine, haïr, hoho !* ou *ha ! hi !* (rire violent). Quand l'H a depuis longtemps cessé de se prononcer on la dit « muette » et on fait la liaison du mot précédent (les hommes — lé-z-om). Quand l'H a disparu à une période plus récente de la langue, on la dit (à tort) « aspirée » et on ne fait pas de liaison (les hêtres — lé-être), ni d'élision (la haine ; une hache), et on dit *ma* (et non *mon* comme dans : mon âme) : ma haine, ma hache.

Expériences pour constater la présence ou l'absence du murmure du larynx au moment où se produisent les consonnes sonores : notez que le murmure est assez prolongé et commence avant l'explosion (qui est, elle, instantanée) de la consonne proprement dite.

1° Bouchez vos deux oreilles avec les paumes de vos deux mains et observez si vous entendez un fort bourdonnement : 2° appuyez la pointe de l'index sur le cartilage du gosier et observez si le doigt ressent ou non un chatouillement : 3° imitez le bourdonnement modulé d'une mouche en essayant de prononcer *S* : vous ferez un *Z* prolongé. Faites les expériences 1 et 2 en prononçant d'abord à la suite tous les mots d'une même ligne ci-après, puis en faisant alterner les mots écrits l'un au-dessus de l'autre dans les trois lignes :

Soufflées : Pain, Pas, Face, Ton, Science, Assis, Cacao, Chapeau, Haché.

Sonores : Bain, Bas, Vache, Don, Zèbre, Asile, Gâteau, Joli.   Agé.
        Main,   Non.

Pour achever l'énumération des consonnes, il nous reste a nommer :

Les *liquides :* L et R.

Les *mouillées :* ILL et GN.

Les *semi-voyelles* écrites : I, Y, OU, U.

On produit le bruit L, en donnant un petit coup de la pointe de la langue sur la gencive supérieure derrière les dents incisives. Certaines personnes ont de la peine à faire ce mouvement : voici le procédé simple pour le leur apprendre : on colle derrière leurs incisives un tout petit bout de papier et on leur demande de prononcer deux fois de suite la voyelle A en enlevant du bout de la langue le papier entre les deux fois : elles prononcent sans le savoir très correctement ALA.

On produit la consonne R en faisant trembler la pointe de la langue comme si on voulait imiter le frémissement du battant d'une sonnette électrique. Cette R roulée est plus facile à enseigner que l'R gutturale de la région parisienne : elle est plus généralement employée en France.

Les Chinois qui n'ont pas de consonne *R* font gargariser leurs élèves en les invitant à observer ce qui se passe dans leur gorge à ce moment : ils parviennent ainsi à acquérir la prononciation qui leur manque. Nous avons idée que cela les amène plutôt à l'*R* parisienne, dite grasseyée.

Les sons *mouillés* écrits ILL et GN demandent une explication un peu longue. Ils proviennent étymologiquement de mots latins contenant I et L ou I et N. Exemple : Filia-fille. « *L* mouillée, N mouillée » veut dire L et N accompagné d'I. Or la prononciation a tellement varié que la plupart des gens ne prononcent plus aujourd'hui ces L et N et font de l'*i* voyelle la semi-voyelle *y* de : les *y*eux. Dans certaines province son prononce encore à la façon ancienne. Figurons ces prononciations successives :

Ecriture	Prononciation soignée et ancienne	Prononciation plus moderne	Prononciation courante	Prononciation négligée
Paille	Paylye	Palye	Paly	Pay
Famille	Familye	. . . .	Famiye	Famiy
Campagne	Campaynye	Campanye	. . . .	Campayny Campany
Accompagné	. . . .			presque comme *panier*
Ma *famille et* mes amis	. . . .			presque comme *familier*
Cognée	coynyée	. . . .	co nyée	
Joignant	jouaynyant	. . . .	joua-nyant	

Les Semi-Voyelles

Enfin il y a des sons intermédiaires entre les voyelles et les consonnes :

I, OU, U, suivis d'une autre voyelle peuvent se prononcer d'une vitesse telle qu'ils ne durent pas plus qu'une consonne instantanée, et qu'il n'y ait aucun intervalle entre ces sons, devenus simples bruits, et la voyelle suivante qui a une durée et une sonorité de voyelle normale. On parle alors d'I consonne et d'OU et U consonnes, ou d'I, U et OU semi-voyelles. En français ces bruits s'entendent dans les mots suivants qui ne forment qu'une seule syllabe : un chien, les yeux ; oui : le bois (boua) : une fois, deux fois (foua) : bruit, aujourd'hui.

Les I, U, OU sont devenus consonnes ou semi-voyelles par l'évolution du langage. Dans un état plus ancien de la langue ils étaient voyelles. Les poëtes ont conservé la tradition ancienne et prononcent toujours *loué*, *joué* en deux syllabes comme *troué*, *cloué*. Certaines personnes âgées protestent encore contre l'usage récent de ne faire qu'une seule syllabe de ces groupes. Les dictionnaires indiquent les mots pour lesquels les semi-voyelles *i* et *ou* sont encore des voyelles dans les vers. Si on n'en tenait pas compte tous les vers classiques seraient faux.

I semi-voyelle s'écrit de diverses manières : vieux ; yeux ; baïonnette : bail : paille.

L'écriture *OI* représente *OU* semi-voyelle suivie de A : *bois* ; le chien *aboie*. Dans *aboyer* on entend *abouayer*. Par analogie avec cette forme le peuple prononce en *y* semi-voyelle (non écrit) après l'*i* de : *plié, sanglier* : il dit *pliyé, sangliyer*.

OU semi-voyelle correspond au W anglais que nous prononçons bien dans : tramway, water.

Quand on abordera l'étude de la lecture, il importera que le maître lise le premier à haute voix ; les auditeurs, par la répétition, retiendront les sons, quelle que soit la façon dont ils sont représentés. Si tous les mots étaient écrits d'une façon rationnelle comme : salade, malade, moral, l'élève pourrait être laissé à lui-même dès qu'il connaîtrait la valeur des signes alphabétiques : mais le problème est compliqué, parce que le même son s'écrit de façons diverses : la méthode directe veut que l'élève n'ait pas à résoudre une énigme en voyant un mot écrit : il ne lit que des mots déjà connus : il n'a pas à imaginer le son que représentent les signes, il a à se rappeler que tel mot connu s'écrit comme ceci et comme cela. Le maître dira : «Lisons les mots suivants en faisant entendre un *a* bien clair : lamé, femme : les mots suivants en faisant entendre un *o* bien long et fermé : eau, eaux, cahot, les os, généraux, haut, héro, héros, hérault, oh ! : les mots suivants avec un *a* nasal : enfant, temple, ensemble, dans, dent, danser : les mots suivants avec un *e* nasal : chien, rien, bien, marin, parrain, atteindre, etc. »

Quand un son simple, s'écrit avec des signes alphabétiques multiples associés, il ne faut pas épeler, nommer chaque lettre : on apprend d'un coup : *aient* fait *e* : *ant*, fait *an* : *eaux*, fait *o*, etc. ; *ch*, *gn*, ne font qu'une seule lettre.

On ne laissera jamais non plus l'élève résoudre seul l'insoluble problème des lettres qui ne se prononcent pas, des liaisons à faire ou à ne pas faire. Le maître lira toujours la phrase le premier. Dans la méthode directe, l'élève n'est qu'un imitateur.

Du Rythme dans la Phrase

Nous avons, dans ce qui précède, attiré l'attention du lecteur sur les sons et bruits dans des mots isolés. Mais on ne parle pas avec des mots, on parle avec des phrases, c'est-à dire avec des combinaisons de plusieurs groupes de mots. Or dans une phrase on ne prononce pas les syllabes, les mots, les groupes de mots et les combinaisons de groupes de mots d'une façon uniforme, en donnant à tous ces éléments la même importance. Il s'en faut de beaucoup. En effet, il y a : des syllabes rapides, des syllabes lentes, des syllabes faibles, des syllabes fortes, des mots et groupes de mots accélérés, des mots où l'on ralentit la vitesse de la parole, des silences et des respirations plus ou moins longs et plus nombreux que ceux que marque la ponctuation, des mots (ou parfois des syllabes de certains mots) dits d'une voix plus aiguë ou plus grave.

Pour noter tout cela il faudrait tous les signes dont on se sert pour la musique instrumentale, car toute phrase parlée contient en réalité toute une musique, dont le chant véritable ne fait qu'exagérer et développer les éléments.

Toutes ces intonations et tous ces rythmes s'apprennent par l'imitation de l'enseignement oral. Le phonographe est donc indispensable à qui n'a pas près de lui un maître : car, encore un fois, une phrase mal dite, mal modulée, mal rythmée, mal scandée, mal solfiée, n'est pas intelligible. Toute psalmodie artificielle irait à l'encontre du but à atteindre. L'école doit reproduire le ton de la vie réelle. Si vous laissez votre élève ânonner ou chantonner, il sera perdu au contact des hommes.

On parle au moins sur trois notes de hauteurs différentes. Nous jugeons à l'oreille, d'après la note entendue, si la phrase est interrogative (chant montant) : si elle marque une exclamation (chant descendant) : si elle est finie (note basse pour la dernière syllabe accentuée) : si elle est interrompue par une incidente (celle-ci se disant sur une note grave, sauf sa dernière syllabe accentuée qui se dit sur une note intermédiaire demi-grave, préparant le retour de la note aiguë sur laquelle s'achèvera la phrase principale). Tout cela est plus simple à faire par imitation qu'à expliquer par écrit. Il faut un maître ou un phonographe.

Voici un essai de notation pour une ou deux phrases types : il s'agit seulement d'attirer par ce graphique l'attention sur des éléments du langage auquel il faut songer. Les syllabes sont à dire sur un ton aigu ou grave, ou intermédiaire, selon que le trait en escalier monte ou descend. Les syllabes ont une durée proportionnelle à la longueur du signe (soit - soit —) marqué sous elles. Elles ont une intensité de son (un accent) proportionnelle au chiffre écrit au-dessus d'elles. Et enfin, il y a des silences de longueurs proportionnelles aux nombres de traits verticaux séparant les groupes de mots.

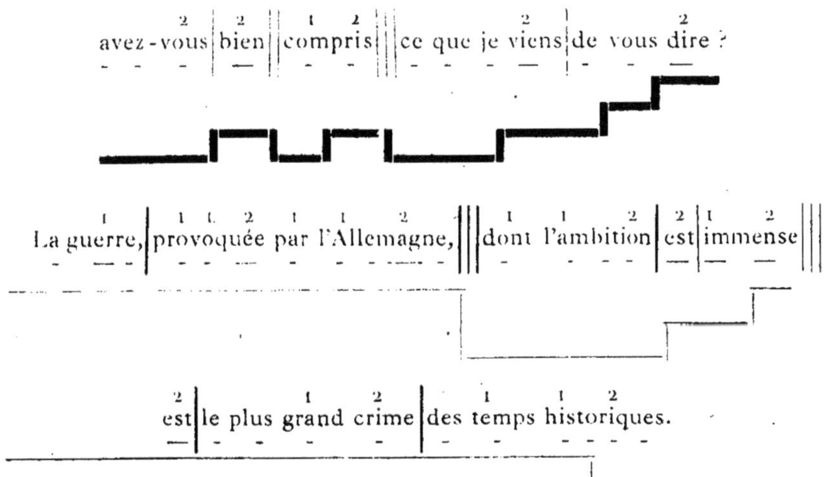

QUELQUES LEÇONS TYPES

de Vocabulaire et de Grammaire

On nous saura gré d'avoir, pour illustrer la théorie rapidement exposée ci-dessus, noté la façon dont nous concevons une leçon, ou plutôt la matière à développer en une leçon.

Ce ne sont ici que des indications : le vocabulaire et les phrases peuvent être variés à l'infini.

Ce qui importe, c'est de montrer dans quelle proportion il est bon d'enseigner noms, adjectifs, verbes, adverbes, nombres ; de montrer comment les mots appris un jour doivent revenir les jours suivants ; comment il y a toujours une révision et fréquemment des révisions générales. Après la première période, on verra d'autres matières disposées selon les mêmes principes : quand on aura fait le tour des sujets essentiels, on les reprendra, en développant le vocabulaire se rapportant à chacun d'eux.

Chaque maître composera dès le début, à l'usage de son groupe, une liste des expressions techniques les plus usitées dans l'usine ou le chantier qui l'occupe. Les phrases les plus indispensables (telles que : prenez garde à la courroie de transmission, mettez de l'huile dans cet engrenage, etc., etc.), leur seront peu à peu enseignées, autant que possible, au cours même du travail et devant les machines ou les outils.

PREMIÈRE LEÇON.

Le Corps

Voici ma tête.
Voilà ton bras gauche.
Voilà ton bras droit.
Voici ma main gauche.
Voici ma main droite.
Voici mon pouce gauche.
Voici mon pouce droit.
Un œil. — Un autre œil.
Deux yeux.
Mon nez. — Ma bouche.
Ma poitrine. — Mon ventre.
Mon dos.
Voici ma jambe gauche.
Voici ma jambe droite.
Un pied. — Un autre pied.

Mes deux pieds. — Tes deux pieds.
Mes deux oreilles. Tes deux oreilles.
Mes yeux voient.
Mes yeux regardent.
Tes yeux voient.
Tes yeux regardent.
Lève-toi. — Levez-vous.
Assieds-toi. — Asseyez-vous.
Mes oreilles entendent.
La bouche.
La lèvre. — Les lèvres.
Un doigt. — Deux doigts.
Trois doigts. — Quatre doigts.
Cinq doigts.
Voici, — voilà.

Je marche lentement, — je marche vite, — je cours, — je saute, — j'enjambe le banc (ou la chaise) ; — lentement, vite, plus vite, très vite.

Je, tu, il, elle, nous, vous, ils, elles.

1, — 2, — 3, — 4, — 5. Comptez en levant les doigts de la main gauche d'abord fermée (*un* correspond au pouce) à haute voix isolément, ou par groupes. S'il y a un tableau noir, y inscrire les chiffres.

DEUXIÈME LEÇON

Le Vêtement

(Révision : Première Leçon).

Lève-toi. — Je me lève.		J'ai deux mains. — Tu as une tête.	
Assieds-toi. — Je m'assieds.		Nous avons deux bras.	
J'	ai	une tête.	Vous avez deux jambes.
J'	ai	une bouche	Voila mon camarade.
J'	ai	un nez.	Il a une tête.
J'	ai	une poitrine.	Voici mes camarades.
J'	ai	un ventre.	Ils ont deux pieds chacun.
J'	ai	deux bras.	Voila ma main.
J'	ai	deux jambes.	Elle a cinq doigts.
J'	ai	un pantalon neuf.	Voici deux chaises.
Tu	as	un pantalon vieux.	Elles ont quatre pieds chacune.
Il	a	une veste bleue (grise).	Où est ta tête ? — Ici.
Nous avons		des képis bleus (kakis).	Où est ton képi ? — Là.
Vous avez		des souliers en cuir.	Où est ton pantalon ?— Ici.
Ils ont		des capotes en laine.	Mes souliers sont bons.

1, — 2, — 3, — 4, — 5.

TROISIÈME LEÇON

La Politesse. — Les Qualités et les Défauts

(Révision : Première et Deuxième Leçons).

Je	suis	assis.	La France est grande. Paris est grand.
Je	suis	debout.	As-tu deux yeux ? — Oui. Monsieur.
Tu	es	assis.	As-tu deux nez ? — Non Monsieur.
Tu	es	debout.	Ma main est *dans* ma poche.
Il	est	debout.	Ma langue est *dans* ma bouche.
Il	est	assis.	Le journal est *dans* ma poche.
Nous sommes		assis.	La table est *dans* la chambre.
Nous sommes		debout.	Le drapeau français est bleu, blanc et
Vous êtes		assis.	rouge.
Vous êtes		debout.	Le père est bon.
Ils	sont	assis.	La mère est bonne.
Ils	sont	debout.	Les parents sont bons.

La table est plate.

L'assiette est ronde.

Cette boule est ronde.

Ce papier est petit.

Ce journal est grand.

Ce doigt-ci est petit.

Ce doigt-là est grand.

Ceci est carré.

Ceci est rond.

Ceci est pointu.

Ceci est beau.

Ceci est laid.

Ceci est méchant.

Ceci est bon.

Donnez-moi mon képi, s'il vous plaît.

— Voici, Monsieur.

Voici votre gamelle. — Merci bien.

As-tu une bouche ? — Oui, mon lieutenant.

Où est ta tête ? — Voici, mon lieutenant.

Lève-toi. — Oui, mon lieutenant.

Pardon, Monsieur ! Excusez-moi.

Bonjour, Monsieur !

Au revoir, Monsieur !

Dessiner sur du papier, un rond, un carré, ou découper du papier.

Montrer une image d'infirmière pour bon : et de tigre ou d'Allemand pour méchant.

6, — 7, — 8, — 9, — 10, — six doigts, sept doigts, etc. Toujours en levant le nombre de doigts annoncé.

QUATRIÈME LEÇON

(Révision des Leçons 1re, 2me et 3me).

Je mange du pain.

Tu manges du pain.

Il mange du pain.

Nous mangeons du pain.

Vous mangez du pain.

Ils mangent du pain.

Le papier est *sur* la table.

Le journal est *sur* la table.

Mon képi est *sur* ma tête.

Ma tête est *sur* mes épaules.

Mes cheveux sont *sur* ma tête.

Le toit est *sur* la maison.

1, — 2, — 3, — 4, — 5, — 6, — 7, — 8, — 9, — 10.

Un doigt, deux doigts, etc. Commencer tantôt par la main gauche et tantôt par la main droite, mais toujours par le pouce.

CINQUIÈME LEÇON

L'Alimentation. — Quelques Animaux et quelques Plantes

(Révision : Troisième Leçon).

Je mange du pain.

Tu manges du riz.

Il mange de la viande.

Nous mangeons du pain.

Vous mangez du riz.

Ils mangent de la viande.

Le cheval. Le bœuf.

Le lion. Le mouton.

La vache. Le porc.

L'arbre est grand.

La fleur est belle.

L'herbe est verte.

La feuille est verte.

Mon képi est sur le journal.

Le journal est *sous* mon képi.
Mes pieds sont *sous* la table.
Ma bouche est *sous* mon nez.
Ma main est *sur* la table.
Ma main est *sous* la table.
Je bois de l'eau.
Tu bois de l'eau.
Il boit de l'eau.
Nous buvons de l'eau.
Vous buvez de l'eau.
Ils boivent de l'eau.

Le chien. L'éléphant.
La poule. Le tigre.
L'âne. Le poisson.
L'oiseau.
Le pain est bon.
Le riz est bon.
L'eau est bonne.
La viande est bonne.
Les haricots sont bons.
Mon couteau est bon.

1, — 2, — 3, — 4, — 5, — 6, — 7, — 8, — 9, — 10.

SIXIÈME LEÇON

La Campagne. — Les Travaux de la Campagne. — Animaux domestiques

(Révision : Cinquième Leçon.)

Le bœuf est un animal.
La vache est un animal.
Le bœuf, la vache, le mouton, le chien, le cheval sont des animaux.
Le mouton mange l'herbe verte.
Le cheval mange l'avoine.
Le bœuf et la vache mangent l'herbe verte et le foin.
L'homme mange le mouton, le bœuf et la vache.
L'homme boit le lait de la vache.
L'homme laboure la terre.
La femme trait la vache.
Le mouton, le cheval, le bœuf, la vache, sont des animaux domestiques.
Le tigre, le lion, sont des animaux sauvages.
Le blé, le riz, les arbres, l'herbe poussent à la campagne.
Le mouton, le bœuf, la vache, vivent à la campagne.

J' ai. Je mangerai. Je suis *devant* la table.
Tu as. Tu mangeras. Tu es *devant* moi.
Il a. Il mangera. X est *devant* Z.
Nous avons. Nous mangerons. Le cheval est *devant* la voiture.
Vous avez. Vous mangerez. La voiture est *derrière* le cheval.
Ils ont. Ils mangeront. Je suis *devant* la chaise.

1 — 2 — 3 — 4 — 5 — 6 — 7 — 8 — 9 — 10.

SEPTIÈME LEÇON

La Ville. - La Rue. - Les Moyens de communication

(Révision : Cinquième et Sixième Leçons).

Paris est une ville. - La ville a des maisons. - Les maisons ont des fenêtres.

La porte — la chaussée — le trottoir — la voiture — l'auto — le train — la locomotive — le wagon — le tramway.

Où est l'atelier ? — Au bout de cette rue.

Je suis à pied — le capitaine est à cheval.

L'auto va plus vite que le cheval.

Je	suis.	X est *devant* Z.
Tu	es.	Z est *derrière* X.
Il	est.	Tu es *devant* moi.
Nous sommes.		Je suis *derrière* toi.
Vous êtes.		Le cheval est *devant* la voiture.
Ils	sont.	La voiture est *derrière* le cheval.
		Je suis *devant* la table.
		Je suis *derrière* la table.

1-2-3-4-5-6-7-8-9-10-11-12-13-14-15-16-17-18-19-20

HUITIÈME LEÇON

(Révision des 5me, 6me et 7me Leçons).

Je	vais	à gauche.	Je	vais	à droite.
Tu	vas	à gauche.	Tu	vas	à droite.
Il	va	à gauche.	Il	va	à droite.
Nous allons à droite.			Nous allons à gauche		
Vous allez	à droite.		Vous allez	à gauche.	
Ils	vont	à droite.	Ils	vont	à gauche.

11 — 12 — 13 — 14 — 15 — 16 — 17 — 18 — 19 — 20

NEUVIÈME LEÇON

Le Temps et ses Divisions

(Révision des Leçons 1 et 3).

Je	viens	lentement (vite).	Je	viendrai	demain.
Tu	viens	lentement (vite).	Tu	viendras	demain.
Il	vient	lentement (vite).	Il	viendra	demain.
Nous venons lentement (vite).			Nous viendrons demain.		
Vous venez	lentement (vite).		Vous viendrez	demain.	
Ils	viennent lentement (vite).		Ils	viendront demain.	

Le jour — la nuit.

La semaine a sept jours : Dimanche — Lundi — Mardi — Mercredi — Jeudi — Vendredi — Samedi.

Le mois a trente jours ou trente et un jours. — L'année a douze mois.

L'année a trois cent soixante cinq jours.

Le jour et la nuit ont ensemble vingt-quatre heures.

L'heure a deux demi-heures — l'heure a quatre quarts d'heures.

L'heure a soixante minutes. — La demi-heure a trente minutes.

La montre — l'horloge — une aiguille — une autre aiguille — deux aiguilles. — Le quart d'heure a quinze minutes.

Il est midi — Il est midi et demi — Il est midi et quart — Il est midi trois
  quarts — Il est midi vingt — Il est midi vingt-cinq, etc.
A deux heures. (Dessinez à la craie sur le tableau un cadran d'horloge dont
  les aiguilles prendront des positions successives).
Je travaille de ..... heures à ..... heures.
Je mange à ..... heures.
Je dors la nuit. — Je travaille le jour. — Je me repose le Dimanche.
  1 à 20 — 21 — 22 — 23 — 24 — 25 — 26 — 27 — 28 — 29 — 30.

DIXIÈME LEÇON

L'Habitation et le Travail

(Révision : Neuvième Leçon).

Je	travaille	à l'atelier de.....	Je	suis	venu hier.
Tu	travailles	à l'atelier de.....	Tu	es	venu hier.
Il	travaille	à l'atelier de.....	Il	est	venu hier.
Nous	travaillons	à l'atelier de.....	Nous	sommes	venus hier.
Vous	travaillez	à l'atelier de.....	Vous	êtes	venus hier.
Ils	travaillent	à l'atelier de.....	Ils	sont	venus hier.

J' ai beaucoup travaillé et je me repose un peu.
Tu as beaucoup travaillé et tu te reposes un peu.
Il a beaucoup travaillé et il se repose un peu.
Nous avons beaucoup travaillé et nous nous reposons un peu.
Vous avez beaucoup travaillé et vous vous reposez un peu.
Il ont beaucoup travaillé et ils se reposent un peu.
Je travaille avec mes outils.
Mes outils sont : un marteau, une tenaille, un ciseau, un tourne-vis, une
  lime, des clous.
  (Variez ce vocabulaire, suivant la nature du travail des auditeurs).
Mon atelier est grand : — dans mon atelier je vois beaucoup de machines.
Ma maison n'est pas grande : — je dors et je mange dans ma maison.
1 à 29 — 30 — 31 — 32 — 33 — 34 — 35 — 36 — 37 — 38 — 39 — 40.

ONZIÈME LEÇON

Le Ciel. — Les Phénomènes atmosphériques

(Révision des Leçons 9 et 10).

Je marche. Je pose mes pieds sur la terre.
Sur ma tête, il y a l'air et le ciel.
Dans le ciel, je vois le soleil pendant le jour et la lune et les étoiles
  pendant la nuit.
Je vois le soleil : le ciel est bleu.

Dans l'air, je vois des nuages : le ciel est gris.
Dans les nuages il y a de l'eau : c'est la pluie.
Il pleut et il fait froid dans l'hiver.
Il fait beau et il fait chaud dans l'été.

Je	dors	*dans* mon lit.	J'	irai	dormir ce soir.
Tu	dors	*dans* ton lit.	Tu	iras	dormir ce soir.
Il	dort	*dans* son lit.	Il	ira	dormir ce soir.
Nous dormons		*dans* notre lit.	Nous irons		dormir ce soir.
Vous dormez		*dans* votre lit.	Vous irez		dormir ce soir.
Ils	dorment	*dans* leur lit.	Ils	iront	dormir ce soir.

Ceci est blanc.
Ceci est rouge.
Ceci est bleu.
Ceci est vert.

1 à 40 — 41 — 42 — 43 — 44 — 45 — 46 — 47 — 48 — 49 — 50

DOUZIÈME LEÇON

(Révision des leçons 9, 10 et 11).

Je	suis	content	j'	ai	bien mangé hier.
Tu	es	content	tu	as	bien mangé hier.
Il	est	content	il	a	bien mangé hier.
Nous sommes		contents	nous avons		bien mangé hier.
Vous êtes		contents	vous avez		bien mangé hier.
Ils	sont	contents	ils	ont	bien mangé hier.
J'	ai	deux bons yeux	:	je	vois bien.
Tu	as	deux bons yeux	:	tu	vois bien.
Il	a	deux bons yeux	:	il	voit bien.
Nous avons		deux bons yeux	:	nous	voyons bien.
Vous avez		deux bons yeux	:	vous	voyez bien.
Ils	ont	deux bons yeux	:	ils	voient bien.

Ceci est bien fait.   (Dessinez des figures géométriques
Ceci est mal fait.   régulières puis irrégulières).

1 à 50 — 51 — 52 — 53 — 54 — 55 — 56 — 57 — 58 — 59 — 60

L'heure a soixante minutes.

TREIZIÈME LEÇON

La Monnaie

(Révision des Leçons 1 et 2, au point de vue du nombre des objets :
j'ai une tête, deux bras, quatre membres, dix doigts,
cinq boutons à ma veste, etc).

J'achète du pain, je donne mon argent : je paye mon pain.
Je vends : on me donne de l'argent : on me paye.

Je   tiens   mon couteau   dans ma main.
Tu   tiens   ton marteau   dans ta main.
Il   tient   son pied   dans sa main.
Nous   tenons   notre tête   dans nos mains.
Vous   tenez   vos oreilles   dans vos mains.
Ils   tiennent leurs couteaux   dans leurs mains.
Voici un sou ou cinq centimes.
Voici deux sous ou dix centimes.
Voici une pièce de deux sous ou de dix centimes.
Ces trois pièces sont en bronze.
Voici trois autres pièces : elles sont en nickel et elles ont un trou au
milieu. Ceci est un sou ou cinq centimes : ceci est deux sous ou dix
    centimes : ceci est cinq sous ou vingt-cinq centimes.
Voici deux pièces d'un sou, ça fait deux sous.
Voici deux pièces de deux sous, ça fait quatre sous.
Voici cinquante centimes ou la moitié d'un franc.
Voici deux pièces de cinquante centimes ça fait un franc.
Voici deux pièces de un franc ça fait deux francs.
Voici une pièce de deux francs. Ceci est en argent.
J'ai de l'argent, j'achète du pain et je paye avec mon argent,
Combien fait ceci ? ça fait trois francs et cinquante centimes.
Vous me devez quatre francs vingt-cinq. — Voici un billet de cinq francs :
    rendez-moi soixante-quinze centimes : s'il vous plait, merci bien. —
    C'est moi qui vous remercie. Vous ai-je bien rendu votre monnaie ?
    — Oui, Madame. Au revoir, à une autre fois. — Au revoir, Monsieur.
1 — à 60 — 61 — 62 — 63 — 64 — 65 — 66 — 67 — 68 — 69 — 70 — 71 —
        72 — 73 — 74 — 75 — 76 — 77 — 78 — 79 — 80

QUATORZIÈME LEÇON

Le Mètre. — (Apportez un mètre pliant).

(Révision : Treizième Leçon).

Voici un mètre.
Voici un centimètre ; — cent centimètres font un mètre.
Voici un millimètre : — dix millimètres font un centimètre : — mille
    millimètres font un mètre.
Mille, c'est dix fois cent.
        (Pliez le mètre au milieu : montrez les deux moitiés et dites) :
Ceci est aussi grand que cela.
        (Pliez-le autrement et dites) :
Ceci est plus grand que cela. — Ceci est plus petit que cela.
(Dessinez au tableau des lignes très diverses de longueur, ou prenez des
        morceaux de journal de diverses grandeurs et dites :)
Ceci est petit. — Ceci est plus petit. — Ceci est très petit.
Ceci est grand. — Ceci est plus grand. — Ceci est très grand.
Ceci est grand. — Ceci est moins grand.

Je parle français. Me comprends-tu ? — Oui, je vous comprends.
Je parle lentement. Me comprends-tu ? — Oui, je vous comprends.
Je parle lentement : tu me comprends. C'est bien.
Je parle vite. Me comprends-tu ? — Non, Monsieur. — Il ne me comprend
     pas. J'ai parlé trop vite.
Je parle français. Me comprenez-vous ? Oui, Monsieur, nous vous
     comprenons : vous ne parlez pas vite, vous parlez lentement.
Vous me comprenez. C'est bien.
Je suis content, ils me comprennent.
Ces élèves ont bien travaillé. Ils ont compris : ils parleront bientôt français.
1 à 70 — 71 — 72 — 73 — 74 — 75 — 76 — 77 — 78 — 79 — 80 — 81 — 82
83 — 84 — 85 — 86 — 87 — 88 — 89 — 90 — 91 — 92 — 93 — 94 — 95 —
96 — 97 — 98 — 99 — 100

QUINZIÈME LEÇON

(Révision des Leçons 1, 3, 9, 10 et 11)

Sur la table sont disposés divers objets : le maître avec les élèves, puis
     successivement, des élèves avec leurs camarades, font un jeu de
     distribution, pour se servir des impératifs.
Tiens ! Tenez !
Prends ! Prenez !
Donne ! Donnez !

(Commander des mouvements du geste, en employant les impératifs).
Va ! Allez !
Viens ! Venez !
Il faut vous lever.
Il faut vous asseoir.
Il faut saluer les chefs.

1 à 80 — 81 — 82 — 83 — 84 — 85 — 86 — 87 — 88 — 89 — 90 — 91 — 92
93 — 94 — 95 — 96 — 97 — 98 — 99 — 100.

SEIZIÈME LEÇON

(Révision des Leçons 5, 6, 7, 13 et 14).

Je	veux	de l'eau — parce que je veux me laver les mains.
Tu	veux	de l'eau — tu veux boire — parce que tu as soif.
Il	veut	du pain — il veut manger — parce qu'il a faim.
Nous	voulons	parler français.
Vous	voulez	bien travailler.
Ils	veulent	manger et boire — parce qu'ils ont faim et soif.

Comptez de 1 à 100.

La Mission Laïque Française

Fondée le 8 juin 1902, la Mission Laïque Française a été reconnue d'utilité publique par un décret du Président de la République en date du 21 août 1907.

La **Mission Laïque Française** est une œuvre d'éducation et d'instruction. Son but est la propagation de la culture française par l'enseignement laïque. Tout prosélytisme religieux est interdit dans ses établissements. Elle se place, au point de vue moral, sur le terrain commun à toutes les croyances et à toutes les philosophies, où se rencontrent tous les honnêtes gens de toutes les confessions et de toutes les doctrines.

La **Mission Laïque Française** se propose de faire connaitre et aimer la France qui a proclamé les Droits de l'Homme, la France amie du progrès, défenseur de la justice et de la liberté.

La Mission Laïque dirige le Lycée français de Salonique, le Lycée français d'Alexandrie, le Lycée français du Caire et le Collège du Daher, au Caire, le Collège français de Beyrouth.

L'ÉCOLE JULES-FERRY

On sait que, quelques mois à peine après sa fondation, la Mission Laïque a ouvert l'École normale coloniale Jules-Ferry, qui a donné, depuis lors, les résultats les plus encourageants.

L'École Jules-Ferry a pour but de préparer des instituteurs et des institutrices pour les colonies. L'enseignement y est aussi parfaitement adapté que possible à sa destination, qui est de former des éducateurs et des auxiliaires de l'œuvre colonisatrice. A côté de l'étude des langues et des méthodes d'enseignement colonial, figurent au programme des cours : l'agriculture, les éléments d'hygiène, de médecine et de chirurgie, les travaux techniques. On y ajoute des cours de législation coloniale et de psychologie, ces derniers ayant principalement pour but d'initier le jeune instituteur à la mentalité des races diverses, de développer en lui l'esprit d'observation et de critique et de le rendre apte à juger dans quelle mesure et par quels moyens notre civilisation est communicable aux indigènes de nos possessions asiatiques ou africaines.

L'École comprend actuellement quatre sections : 1° Indo-Chine ; 2° Madagascar ; 3° Afrique occidentale ; 4° Afrique équatoriale.

Les candidats et candidates ont à justifier de la possession du Brevet supérieur et du Certificat d'aptitude pédagogique. Les instituteurs doivent avoir satisfait aux obligations militaires.

Les études sont gratuites ; le régime de l'École est l'externat. Pour venir en aide aux élèves, pendant leur séjour à Paris, la Mission Laïque accorde des bourses et demi-bourses, qui sont payées sous forme de mensualités.

L'École, dont les cours sont interrompus depuis le début de la guerre, fonctionnera de nouveau après la cessation des hostilités.

Imprimerie P. GRANCHAMP

Rue des Usines

ANNEMASSE (Haute-Savoie)